VAUBAN EXPLIQUÉ

EN CE QUI CONCERNE

LES

MOYENS DE DÉFENSE DE PARIS.

MOQUET ET COMPAGNIE, IMPRIMEURS,
rue de la Harpe, 90.

VAUBAN EXPLIQUÉ

EN CE QUI CONCERNE

LES

MOYENS DE DÉFENSE DE PARIS.

« Je ne prétends mettre en avant que ce qui est nécessaire contre la bombarderie, les siéges réglés et les blocus. »

VAUBAN.

« La défense de Paris doit être tout extérieure. Elle sera plus ou moins efficace, suivant qu'elle sera plus éloignée. »

Maréchal SOULT.

« Je ne veux pas convertir Paris en une immense place de guerre, par une enceinte de siége. »

Général ROGNIAT.

MÊME SYSTÈME.

PARIS,

J. CORRÉARD, ÉDITEUR D'OUVRAGES MILITAIRES,

RUE DE TOURNON, 20.

FÉVRIER 1841.

VAUBAN EXPLIQUÉ

EN CE QUI CONCERNE

LES

MOYENS DE DÉFENSE DE PARIS.

> « Je ne prétends mettre en
> « avant que ce qui est néces-
> « saire contre la bombarde-
> « rie, les siéges réglés et les
> « blocus. »
>
> *Projet de* VAUBAN.

Et Vauban aussi ne voulait pas couvrir immédiatement Paris d'une enceinte de siége ! Sa première enceinte était de sûreté, et son enceinte de siége devait être *à une grande portée de canon de la première*, c'est-à-dire 1,000 ou 1,200 toises *occupant toutes les hauteurs convenables.*

Ainsi, le maréchal Soult, le général Rogniat sont d'accord avec **Vauban** sur tous les points; savoir : *mur de sûreté,* défense éloignée le plus possible ; par conséquent la capitale garantie de toute surprise, des dangers d'un bombardement, d'un siége en règle et d'un blocus.

Il est sans exemple que l'on ait jamais interprété un auteur célèbre, dans un sens entièrement opposé à ses vues, comme on l'a fait et comme on le fait encore pour Vauban en ce qui concerne son projet de fortifier Paris.

Et ce qu'il y a encore de plus surprenant dans ce fait étrange, c'est que ceux mêmes qui sont opposés à une enceinte de siége couvrant immédiatement Paris, sont dans la même préoccupation d'esprit que ceux qui la défendent. En effet, l'objection des opposants est simplement, que si Vauban revenait parmi nous, il changerait bien d'avis sur les moyens de fortifier Paris.

En cela il y a, sans nul doute, une sorte de fascination dans les esprits, qui tient au profond respect qu'inspire ce grand homme : et nous avouons franchement que, jusqu'à ce jour, par un véritable entraînement, nous avons partagé l'opinion généralement admise, que le projet de Vauban comportait une première aussi bien qu'une seconde enceinte de siége.

Cependant il n'en est rien, et nous avons tout lieu de croire que l'on en sera bientôt convaincu, et que l'on reconnaîtra que ce que voulait Vauban c'est ce que veulent aujourd'hui le maréchal Soult, le général Rogniat si l'on veut bien, libre de toute préoccupation, recourir d'une part au mémoire de Vauban, de l'autre aux projets du maréchal Soult et du général Rogniat *sur les moyens de fortifier Paris*, ou seulement nous faire l'honneur de nous suivre en nous accordant toute confiance pour nos citations.

ÉTAT DE LA QUESTION.

Il ressort évidemment de la longue discussion qui vient d'avoir lieu à la Chambre des députés, sur la question des moyens de défense à adopter pour la défense de Paris, que l'opinion dominante dans cette grave question est, que cette capitale doit être fortifiée de telle sorte, qu'elle et ses ouvrages avancés puissent, selon l'occurrence, être abandonnés à leurs propres forces, afin de laisser à l'armée active toute liberté d'agir sur les flancs et sur les derrières de l'ennemi ; ce qui revient à dire, que l'enceinte continue est considérée comme la base du système de défense ; et c'est, sans nul doute, pour cette raison que l'on veut que cette enceinte soit bastionnée et susceptible de soutenir un siége régulier. Ainsi les fortifications, forts ou retranchements avancés ne seraient que des accessoires pour la défense de la capitale !!

Ce n'est point ainsi que Vauban entendait la défense de Paris : « **Je ne prétends** (*voir son Mémoire sur les moyens* « *de fortifier Paris*), **je ne prétends mettre en avant que** « **ce qui est nécessaire contre la bombarderie, les** « **siéges réglés et les blocus** *qui sont les seuls moyens qui* « *paraissent capables de pouvoir réduire la capitale.* »

Ainsi donc, n'est-il pas clair comme le jour, que Vauban, tout en voulant défendre Paris, et le défendre efficacement, ainsi que nous le verrons ci-après, voulait aussi éviter à cette capitale les dangers d'un *bombardement*, d'un *siége en règle et d'un blocus*. Il ne voulait donc pas l'enfermer immédiatement dans une enceinte de siége. Le maréchal Soult, le général Rogniat sont donc d'accord avec Vauban !

Nous reviendrons sur ce point capital.

Au surplus, toute disposition contraire serait, pour Paris surtout, en opposition avec toutes les règles de l'art. Les forts ou autres ouvrages avancés, fussent-ils assez rapprochés pour croiser leurs feux, ne seraient qu'un faible correctif de cette disposition ; ils ne permettraient pas davantage d'abandonner avec sécurité la capitale à ses propres forces.

D'après les principes de l'art défensif, d'après le raisonnement et l'expérience, il importe essentiellement (ce n'est pas aux militaires que nous prétendons l'apprendre), dans le cas d'investissement d'une place ou seulement de la présence d'une armée sous ses murs, de tenir l'ennemi éloigné le plus possible et le plus longtemps possible, c'est-à-dire toujours, ainsi que le veut le maréchal Soult.

Or, cet avantage ne peut sûrement s'obtenir qu'avec des forces actives proportionnées aux forces de l'ennemi et appuyées sur de bons ouvrages extérieurs. C'est donc sur cette première ligne d'ouvrages avancés que doit reposer la base d'un bon système de défense pour toute place de guerre, et particulièrement pour les grandes villes fortifiées, qui, comme Paris surtout, ne seront plus jamais, quoi que l'on fasse pour leur défense, *places de guerre* dans la véritable acception du mot.

Cette opinion ressort en son entier du projet de Vauban

pour fortifier Paris, et des projets du maréchal Soult et du général Rogniat.

Cependant, on a préconisé le système d'enceinte de siége appliqué à Paris, au point de comparer la future place de guerre qu'il circonscrirait aux places fortes de Strasbourg, Metz et Lille, et l'on va jusqu'à trouver une entière similitude entre le développement des ouvrages de fortification de cette place et le périmètre de la gigantesque enceinte bastionnée de Paris. On ne conçoit pas que l'on puisse faire de pareils rapprochements : tout le monde sait fort bien qu'à Strasbourg, à Metz, à Lille, il y a de doubles, de triples et même de quadruples ouvrages se couvrant successivement et se flanquant réciproquement, ce que l'on pourrait considérer comme doubles, triples et quadruples enceintes. Mais tous ces ouvrages ne se développent pas en un seul et même périmètre comme à Paris. Ce serait donc s'abuser étrangement que de vouloir assimiler la future enceinte de Paris aux enceintes redoublées de nos premières places fortes. Celles-ci peuvent soutenir un long siége, et sont réputées imprenables ; l'autre ne serait susceptible d'aucune résistance.

A ce sujet on a rappelé à la tribune de la Chambre des députés cette maxime admise généralement : *Petite place, mauvaise place* ; et de cet axiome on a tiré naturellement la conclusion que les plus grandes places étaient nécessairement les meilleures ; par conséquent, que l'enceinte continue de Paris, qui aurait de 10 à 12 lieues de pourtour, pourrait être considérée comme inattaquable, attendu que sur tous ses fronts elle présenterait une ligne droite, d'où convergeraient sur l'assaillant un bien plus grand nombre de lignes de feux que celui que ce dernier n'en pourrait établir sur un front quelconque ou même plusieurs fronts de cette

enceinte non exposée d'ailleurs aux feux d'enfilade : que dès lors l'attaque serait ici très inférieure à la défense ; et partant de ce principe vrai au fond, mais sur les avantages duquel on ne pourrait compter que relativement, on va jusqu'à ne considérer que comme accessoires les ouvrages ou forts avancés qui doivent couvrir l'enceinte. Cette conséquence ressort déjà suffisamment, comme nous l'avons vu, de l'importance que l'on attache à l'enceinte bastionnée.

Il serait difficile, sans doute, de faire admettre parmi les militaires cette dernière opinion. Quant au principe d'où elle découle, savoir, qu'au moyen d'une ligne de fronts presque droite, les moyens de défense de l'enceinte seraient supérieurs aux moyens d'attaque, il est, nous le répétons, incontestable. Mais croit-on que ces moyens supérieurs de défense ne pourraient, dans aucun cas, être balancés par les moyens que peut employer l'ennemi ?

On se persuade que non : il faudrait, dit-on, 500 bouches à feu de siége pour attaquer l'immense enceinte bastionnée de Paris !

Il serait inutile de dire que ceci est une exagération, ou plutôt la suite d'une erreur. On a sans doute voulu dire 500 voitures, ce qui suppose au plus 50 bouches à feu ; car chaque bouche à feu de siége, médiocrement approvisionnée, comporte au moins 10 voitures.

Quoi qu'il en soit, 500 bouches à feu de siége, ni 400, ni 300, ni même 200, nombre auquel on s'est résumé, ne seraient nécessaires pour attaquer et réduire l'immense place de guerre de Paris, si cette place et ses ouvrages avancés, considérés et disposés seulement comme accessoires, ou même comme complément de la défense, étaient abandonnés à leurs propres forces. Deux batteries de brèche de 6 bouches à feu chacune, calibre de 16 ou 24, protégées par un certain nombre de batteries de campagne, canons et obusiers, à droite et à gauche, employées à battre et à éteindre les feux des fronts collatéraux ; puis quelques centaines de fusées incendiaires, lancées sur la ville et sur les remparts, seraient des moyens assez puissants pour réduire la capitale peut-être en moins de deux fois 24 heures.

Et pourquoi, s'écrie-t-on, pourquoi cette enceinte serait-elle si promptement forcée? Pourquoi Paris, sa garde nationale, avec sa brave garnison, ne se défendrait-il pas, ne soutiendrait-il pas un siége comme l'ont fait tant d'autres villes riches et populeuses? Ce serait humilier la brave population parisienne que d'en douter !

D'abord il faut s'entendre sur ce que l'on entend par *se défendre, soutenir un siége*. Se défendre, ce n'est pas seulement faire la fusillade avec la troupe sur le rempart et y tirer le canon : soutenir un siége, ce n'est pas seulement résister plus ou moins longtemps ; ce n'est pas seulement supporter avec résignation et abnégation les dangers et les privations inévitables d'un état de siége ; il faut encore pouvoir résister aux alarmes, aux mouvements, aux cris de la multitude ; enfin et spécialement il faut défendre une brèche, combattre sur cette brèche, et repousser l'assaut au risque d'être enlevé de vive force !

C'est bien ainsi, en effet, que les défenseurs de l'enceinte de siége entendent la défense de Paris. Déplorable illusion ! Oui, c'est ainsi que l'on défend et que l'on doit défendre une place de guerre proprement dite : là, tout est militaire ; là on ne compromet, relativement, que de faibles intérêts : ici c'est la France qui serait en jeu, son gouvernement, ses richesses en tous genres, son indépendance ! On ne pousserait donc point la défense jusqu'à courir les chances d'un assaut. Une enceinte de siége pour défendre Paris est donc illusoire, d'autant plus que cette enceinte ne serait certainement point un motif pour faire reculer une armée d'incursion qui n'aurait pas à sa suite un équipage de siége. Les règles actuelles de stratégie, la grande mobilité des armées modernes, la rapidité de leurs mouvements ne pourrait en effet le permettre ; mais aussi ces armées ont présentement des moyens bien plus simples, beaucoup plus prompts de réduire une ville populeuse : ce sont les fusées de guerre.

Nous savons que les défenseurs de l'enceinte de siége ne s'inquiètent pas plus *présentement* des effets de ce nouveau projectile que de ceux des bombes. Cependant Vauban, dont ils invoquent l'autorité avec tant d'insistance, et si à contresens comme nous venons de le prouver, n'était pas aussi rassuré à ce sujet : Vauban, qui pourtant ne pouvait pas prévoir alors que l'on parviendrait à lancer des obus, des bombes et des fusées incendiaires à 6,000 mètres, dit dans son Mémoire précité :

« L'usage des bombes s'est rendu si familier et si terri-
« ble dans ces derniers temps, que l'on peut le considérer
« comme un moyen *très sûr pour réduire la capitale* à tout
« ce que l'ennemi voudra, avec une armée assez médiocre,
« toutes les fois qu'il ne sera question que de se mettre à
« portée de la bombarder ; car il n'y a point de ville en Eu-
« rope, ni peut-être dans le monde, où l'effet des bombes
« soit plus à craindre qu'à Paris. »

On voit donc que l'opinion de Vauban n'était pas que
« les bombardements font en général beaucoup plus de
« bruit que de mal. » Probablement aussi que de son temps les grandes dames n'étaient pas aussi braves, bien que très timides, que celles du nôtre, et n'attendaient pas pour quitter leur demeure et s'éloigner que *onze bombes* fussent tombées dans leur maison. Mais il faut remarquer aussi qu'il

n'est question ici que d'une très grande princesse, et dès-
lors il est à croire qu'il se trouverait toujours très peu de
dames, même dans les plus hauts rangs, qui voulussent ainsi
braver le danger.

On peut remarquer également que les bombes de la cita-
delle de Figuières étaient d'une rare galanterie. Nous avons
eu l'occasion dans plusieurs circonstances d'en voir de bien
moins bénignes.

« Nous avons vu, en 1809, une capitale, la ville de Vienne,
se rendre à la lueur de trois incendies qui venaient d'éclater sous le feu d'une trentaine d'obusiers que l'empereur
Napoléon avait fait mettre en batterie à la faveur des maisons des faubourgs ; et cela, *malgré une excellente enceinte
de siége*, et au moment où le prince **Charles** accourait à son
secours par la rive gauche du Danube.

« Il fallait jadis le lourd attirail des mortiers et des bombes
pour brûler une ville ; plus tard les obusiers, que leur légè-
reté permit de comprendre dans l'artillerie de campagne,
multiplièrent les moyens d'incendie. De nos jours, l'inven-
tion des fusées incendiaires est venue ajouter une nouvelle
énergie à ces terribles fléaux. Les fusées ont l'avantage sur
les bombes d'atteindre plus loin, puisqu'elles volent parfois
jusqu'à 3,400 et même 4,000 mètres ; de mettre le feu plus
sûrement, et surtout de substituer aux lourdes batteries de
mortiers des appareils qui se posent facilement. Si nous ne
tenons point l'ennemi éloigné de la place, qui l'empêchera
de dresser de nombreux chevalets en quelques heures, à la
faveur des maisons extérieures, et de lancer, en une seule
nuit, jusqu'au cœur de la cité, plusieurs milliers de fusées,
pour faire éclater presque au même moment une multitude
d'incendies d'autant plus redoutables que l'attaque, pou-

vant être inopinée, ne laisserait pas le temps de prendre les précautions ordinaires pour les éteindre. Se figure-t-on l'effroi, le désordre, la consternation de cette opulente et populeuse cité! et la position critique des gardes nationaux répartis sur l'enceinte, l'ennemi en face, et par derrière l'incendie qui dévore leurs maisons, leur fortune, leur famille ! » (*Général Rogniat, pages 8 et 9 de sa réponse à l'auteur de l'ouvrage intitulé :* Du projet de fortifier Paris).

Voici une autre autorité qui ne mérite pas moins de confiance : Copenhague, en 1807, l'a trop bien appris.

Dans le *Traité des fusées de guerre* du général Congrève, imprimé à Londres en 1827, traduction française, p. 14 (1), on trouve le passage suivant :

« Le calibre des fusées, dont on peut faire usage à la guerre, n'est pas limité à 3 ou 6 livres ; car, d'après les mêmes moyens, l'infanterie peut être approvisionnée de manière à entrer en campagne sans autre attirail que quelques voitures chargées de fusées du calibre de 12 et même de 18 livres.

La fusée à carcasse, même la plus grosse, peut être portée par l'infanterie : chaque homme en porterait une de 32 livres. Il s'ensuit que dans une armée de siége très ordinaire, dix mille fusées à carcasse, équivalentes pour le contenu des matières incendiaires, à des projectiles creux de 10 pouces de circonférence, peuvent être lancées dans une ville en une seule nuit, sans les secours de tranchées, de batteries, de mortiers, et sans occasionner les délais d'un siége régulier.

« Pendant ce court intervalle, elles lancent autant de

____

(1) A Paris, chez J. Corréard, éditeur d'ouvrages militaires.

matières combustibles que l'on pourrait en jeter au moyen
de dix mille coups de mortiers de 10 pouces dans un siége
suivi d'un mois, et par conséquent avec un effet propor-
tionnellement plus grand, en raison du temps que l'on
gagne.

« Pour ce moyen simple et formidable de bombardement,
il n'y a ni approvisionnements divers, ni attirails nombreux,
point de lourdes bouches à feu, affûts, plate-formes, etc.;
Il suffit de quelques embrasures faites en différents endroits,
ou même, ce qui est plus simple encore et assure le même
résultat, de quelques trous pratiqués dans la terre, avec
une tarrière de mineur, et disposés de manière à recevoir la
baguette de la fusée afin qu'on puisse l'ajuster; et cependant,
malgré cette extrême simplicité d'application, la plus grande
portée de ces fusées à bombardement n'est pas au-dessous
de 3,600 mètres. »

Ces assertions sont suffisamment confirmées par des ex-
périences, mais il n'est pas nécessaire d'y avoir recours.
Nous ferons seulement des vœux pour que ce nouveau projectile reste encore longtemps, où plutôt toujours, inconnu
à toutes les populations.

Revenons à Vauban.

Voici les principaux passages de son Mémoire intitulé :
De l'importance dont Paris est à la France, page 22 et sui-
vantes.

« Après y avoir bien pensé, dit-il, et cherché tous les
moyens à tenir pour pouvoir mettre cette grande ville
dans une sûreté parfaite, contre tous les accidents de guerre
qui pourraient la menacer, je n'ai trouvé que l'expédient
qui suit de bien raisonnable : il est simple et fort cher à la
vérité, mais très assuré, ainsi qu'on le verra ci-après. Sur
quoi il est à remarquer :

« Premièrement, que je n'ai nul égard aux surprises ni aux intelligences particulières, cette ville étant trop peuplée pour que l'on puisse rien entreprendre contre elle sans faire de *gros mouvements de troupes* qui découvriraient tout ; joint que, ce que j'ai à proposer est directement opposé à toutes les mauvaises subtilités que l'on pourrait mettre en pratique à cet égard.

« Et secondement, que *je ne prétends mettre en avant que ce qui est nécessaire contre* **la bombarderie, les siéges réglés et les blocus,** qui sont les seuls moyens qui paraissent capables de pouvoir réduire la capitale.

Venons au fait :

« 1° Réparer les défectuosités de ce qui reste de la vieille enceinte, et achever sa réforme telle qu'elle a été réglée en dernier lieu ; revêtir ce qui ne l'est pas encore, et élever tout son revêtement de trente-six à quarante pieds au-dessus du fond du fossé, la flanquer simplement par les vieux bastions et grosses tours, telles qu'elles se trouveront sur pied ; sinon, en faire de nouvelles aux endroits où il en manquera, et les espacer de six-vingt toises l'une de l'autre.

« 2° Bien et proprement terrasser ladite enceinte ; la rendre capable de porter un parapet à épreuve du canon, et environner le tout d'un fossé de dix à douze toises de large, profond de 18 à 20 pieds réduits, avec ses bords revêtus s'il est possible : plus, la prolonger de part et d'autre en travers de la Seine au-dessus et au-dessous de Paris, y laissant autant d'arches qu'il en sera nécessaire au passage des eaux ; faire des ponts sur le derrière et des bâtiments sur le devant de ces mêmes arches, pour y mettre à couvert les herses avec les tours servant à leur levée ; observer du surplus de raser tous les bâtiments des faubourgs qui approcheront plus près de vingt à trente toises de cette enceinte.

« 3° Cette première enceinte étant mise en sa perfection, en faire une seconde *à la très grande portée de canon de la première*, c'est-à-dire *à mille ou douze cents toizes de distance, occupant toutes les hauteurs convenables*, ou qui peuvent avoir commandement sur la ville, comme celle de *Belleville*, de *Montmartre, Chaillot, faubourg Saint-Jacques, Saint-Victor*, et *toutes les autres qui pourraient lui convenir*.

« 4° Bastionner ladite enceinte ou l'armer de tours bastionnées ; la très bien revêtir et terrasser, et lui faire un fossé de 18 à 20 pieds de profondeur sur 10 à 12 toises de longueur, revêtu de maçonnerie.

« 5° Prolonger ladite enceinte et la continuer en travers de la rivière, comme la première, afin d'éviter le défaut par lequel Cyrus prit Babylone. »

Tel était le projet de Vauban.

N'est-il pas évident que, relativement à l'assiette et à l'étendue qu'avait alors Paris, ce projet repose absolument sur les mêmes principes et le même système que ceux du maréchal duc de Dalmatie, et du général Rogniat, savoir : *Défense éloignée le plus possible des murs de la capitale.*

Ainsi, Vauban ne voulait pas plus d'une enceinte de siége couvrant immédiatement Paris, que le maréchal Soult, que le général Rogniat. Cela ressort de la manière la plus claire de cette règle générale : « Je ne prétends mettre en avant » que ce qui est nécessaire contre la bombarderie, les siéges » en règles et les blocus. »

En effet, quel est l'objet que Vauban veut garantir ? C'est évidemment la capitale.

Par quel moyen veut-il la garantir d'un *bombardement*, d'un *siége en règle*, d'un *blocus ?* Est-ce avec la vieille enceinte de Paris restaurée, c'est-à-dire la première enceinte de son projet ? Non sans doute, car, avec elle seule, Paris aurait pu être bombardé, assiégé et bloqué ; ceci est incontestable.

Qu'est-ce donc qui, dans le projet de Vauban, *était nécessaire contre la bombarderie, les siéges en règles et les blocus ?*

Evidemment c'était sa seconde enceinte, située « *à la très grande portée de canon de la première*, occupant toutes les hauteurs convenables. »

La première enceinte de Paris n'était donc, dans le projet de Vauban, *qu'une simple enceinte de sûreté !*

Vauban avait donc toute confiance dans sa seconde enceinte ; il la considérait donc comme inexpugnable ?

Eh bien ! n'est-il pas de la plus grande évidence que le maréchal Soult ne veut que ce que voulait Vauban ?

La première enceinte de Vauban, vieille enceinte restaurée de Paris du moyen âge, était son *mur de sûreté.*

Le mur d'octroi actuel, ou bien mieux, un mur construit sur la ligne désignée pour l'enceinte bastionnée en projet, serait le *mur de sûreté* du maréchal.

La seconde enceinte de Vauban, qui devait occuper, à peu près la même ligne que celle que nous venons d'indiquer pour le mur de sûreté dans le projet du maréchal, serait remplacée, dans ce même projet, par des forts, forteresses et retranchements permanents, beaucoup plus avancés, et par conséquent garantissant encore bien mieux la capitale d'un bombardement et d'un blocus.

Voici en quels termes, M. le maréchal duc de Dalmatie, s'est exprimé à ce sujet, à la Chambre des députés, séance du 22 janvier dernier.

« Je pense que la défense de Paris doit être tout extérieure, et qu'elle sera plus ou moins efficace suivant qu'elle s'en éloignera.

« Que si au contraire cette défense se rapprochait plus ou moins de Paris, les dangers de la capitale augmenteraient dans la même proportion.

« Il est pour moi évident qu'en transportant le plus loin possible au dehors, la défense de Paris, et lui donnant une base solide comme je suppose que je pourrais l'obtenir par l'établissement de mon camp retranché ayant pour appui les doubles têtes de pont de Saint-Denis et Charenton, j'obligerais l'ennemi, quelque nombreux qu'il fût, à s'en tenir très éloigné ; et si cependant il osait se livrer à quelque entreprise pour se porter sur Paris, il ne pourrait le faire qu'en me passant sur le corps, ce qui ne serait pas facile en raison de la valeur des troupes et des ouvrages de fortifications permanentes auxquelles elles s'appuieraient ; ou bien en s'étendant au loin par un grand mouvement qui d'abord exigerait des forces considérables et ne pourrait s'exécuter sans qu'il s'exposât à voir ses colonnes coupées et enlevées en raison du détour que je l'obligerais à faire.

« J'ai dit que plus la défense se rapprocherait de Paris plus le danger de la capitale augmenterait. Cette proposition est d'une telle évidence qu'il suffit, je crois, de l'énoncer pour en faire la démonstration.

« En effet, l'on comprendra que, si l'investissement devenait praticable et s'effectuait, les approvisionnements cesseraient d'arriver ; que dès lors les consommations journalières affecteraient la réserve d'intérieur, et comme elles sont forcément exagérées, le terme de leur cessation pourrait s'indiquer à l'avance.

« Et pourtant c'est là le moindre inconvénient. Il en est encore un plus grand que la prudence commande de prévoir, c'est celui de la confusion qui résulterait inévitablement de ce refoulement de troupes et de matériel, même de population , vers Paris , ou , malgré l'enceinte l'on serait forcé de tout recevoir, ne fût-ce que pour dégager le feu de l'artillerie placée sur les remparts.

« Dans ce cas que l'on se figure le désordre inévitable qui pourrait résulter de cette confusion et les conséquences graves qui en ressortiraient. En pareille circonstance la police de l'intérieur pourrait se trouver très embarrassée, quel que fût son dévouement, quelque concours qu'elle reçût de l'admirable et courageuse garde nationale.

« C'est en vue de ces conséquences que je m'étais décidé à porter la défense de Paris à l'extérieur, le plus loin possible et que je n'avais attaché qu'une importance secondaire à la nature de l'enceinte qui serait élevée autour de Paris. Selon moi, *il était suffisant qu'elle fût de sûreté*, et toutefois, défendable pour prévenir les surprises. Dans mon système, je pensais aussi qu'elle ne devrait être entreprise qu'après l'achèvement du camp retranché et des fortifications de Charenton, de Saint-Denis, du Mont Valérien, etc., etc.; en attendant, l'enceinte de l'octroi actuel , améliorée , me rassurait suffisamment. »

On voit que le maréchal Soult est parfaitement d'accord avec Vauban ; savoir : moyens permanents de défense éloignés, et on peut dire inexpugnables ; par conséquent, Paris garanti des dangers d'un bombardement , d'un siége réglé, d'un blocus; et à l'abri de toute surprise par une première enceinte de sûreté.

Si nous en venons présentement au projet du général Rogniat nous trouverons que pour les principes et le système, ce sont les mêmes que ceux du maréchal Soult et par conséquent que ceux de Vauban.

Le général a développé ce projet dans sa *Réponse à l'au-*

teur de l'ouvrage intitulé : Du projet de fortifier Paris, ou Examen d'un système général de défense (1).

Le général examine d'abord le cas où Paris, abandonné à ses propres forces, serait réduit à se défendre dans une enceinte de siége.

« Le blocus de la capitale serait d'autant plus facile que l'assiégeant n'aurait plus affaire qu'à une simple garnison, et Paris, une fois bloqué, serait bien près de se rendre. Remarquons en effet, qu'on y aurait un million de bouches à nourrir journellement, et des bouches très peu faites aux privations inévitables de l'état de siége ; remarquons aussi que le gouvernement ne peut se laisser renfermer dans la place ; ce serait sa mort, puisqu'il s'y trouverait privé de toute communication avec le reste de la France, dans le moment le plus critique ; remarquons de plus que les batteries incendiaires feraient converger leurs feux de tous les points de l'horizon jusqu'au cœur de cette malheureuse cité. Ainsi, dans le même moment, privations des aisances de la vie, stupeur générale causée par la fuite du gouvernement, et des incendies éclatant de toutes parts. Certes ! le parti des mécontents, grossi de jour en jour au milieu des malheurs publics, aurait beau jeu pour ouvrir les portes à l'ennemi. Je ne vois pas, quant à moi, comment une garnison noyée au milieu d'une population immense de mécontents et une garde nationale, divisée, chancelante, accablée de privations par la cessation du travail, et bientôt affamée, pourraient faire une longue résistance.

« Au reste, admettons, contre toute vraisemblance, que la

---

(1) Paris, décembre 1830, chez Corréard, éditeur d'ouvrages militaires.

place de Paris soutienne vingt à trente jours de blocus et de siége; de bonne foi, peut-on espérer que, dans ce laps de temps, une armée assez affaiblie et assez désorganisée pour se voir obligée d'abandonner la capitale et de se réfugier derrière la Loire, privée du secours de la moitié de la France envahie par l'ennemi, se rétablisse et s'augmente assez promptement pour reprendre l'offensive et venir débloquer la place de Paris?

« L'insuffisance d'une simple enceinte, quelque consistance qu'on lui donne, étant bien démontrée pour soutenir l'armée défensive, lui permettre de s'exercer, de manœuvrer et d'empêcher le blocus et pour protéger la ville contre les batteries incendiaires, examinons si nous n'obtiendrions pas tous ces avantages importants en la faisant précéder d'une vaste ceinture de forts avancés.

« Sans entrer dans des détails techniques qui seraient déplacés ici, je me bornerai à rappeler ce que tout le monde connaît.

« On sait que de la Marne à la Seine, ce côté probable de l'arrivée des colonnes ennemies, règne une superbe position de quatre lieues d'étendue entre Nogent et Saint-Denis. La clef de cette position est le beau plateau de Nogent à Romainville et Pantin, dont il faudrait occuper les contreforts par cinq forts assez consistants pour résister aux attaques de vive force d'une armée, assez grands pour renfermer les établissements voûtés à l'épreuve, nécessaires à une défense isolée; savoir :

« Le premier au-dessus de Nogent; le deuxième sur la gauche de Fontenay; le troisième au-dessus de Rosny; le quatrième en avant de Romainville et le cinquième au-dessus de Pantin.

« On ferait de Saint-Denis une place forte ; le milieu de la plaine entre Saint-Denis et Pantin serait protégé par un fort en avant d'Aubervilliers. Le canal de Saint-Denis, qui se joint à celui de l'Ourcq, ferme la plaine en arrière.

De Saint-Denis au pont de Sèvres, la Seine couvre les approches de Paris sur quatre lieues d'étendue ; il suffirait d'éclairer et de défendre son cours par quatre fortins élevés sur la rive droite.

« Sur la rive gauche de la Seine, on occuperait les hauteurs de Meudon par un bon et grand fort qui deviendrait la clef de cette position. De là, jusques aux hauteurs d'Ivry, cinq forts placés presque en ligne droite suffiraient pour assurer de ce côté la défense éloignée.

Le dernier, celui au-dessus d'Ivry, se lierait à Charenton, dont on ferait une petite place. L'isthme de Saint-Maur, formé par une grande sinuosité de la Marne, serait occupé par un bon fort qui terminerait notre cordon défensif.

« Ce cordon, formé de dix-sept forts et de deux petites places, est formé par des lignes continues sur les trois cinquièmes de son pourtour ; savoir : la Marne, de Charenton à l'isthme de Saint-Maur, et de l'isthme à Nogent ; le canal de Pantin à Saint-Denis, qu'on renforcerait au besoin de quelques ouvrages de campagne pour défendre ses écluses transformées en barrrage ; enfin la basse-Seine, de Saint-Denis au pont de Sèvres.

« En avançant ces forts autant que je l'indique, on obtient l'avantage de les sortir de ce réseau de maisons qui obstruent les avenues de la capitale, de tenir les batteries incendiaires entièrement hors de portée de la ville, et surtout, ce qui est essentiel, de rendre à peu près impossible l'investissement de Paris.

« En empêchant le blocus, il est évident que nous avons

gain de cause. L'ennemi, en présence d'un camp inexpugnable, ne peut plus rien entreprendre de sérieux.

« Disons maintenant un mot de l'enceinte, qui serait dis-
posée pour soutenir un siége.

« Il faut que cette enceinte, qui exigera une zone de terrain de plus de 250 mètres de large, puisse découvrir et
battre tout le terrain en avant d'elle jusqu'à bonne portée
des armes, ce qui oblige à l'application stricte de la loi sur
les servitudes des places de guerre. Heureusement que dans
notre système, nous pouvons épargner aux habitants de la
capitale cette gêne ruineuse, et au gouvernement une partie de cette dépense. **Paris** *n'étant plus exposé à être assiégé, on peut se borner à une simple enceinte de sûreté,* des-
tinée uniquement à assurer la sécurité des habitants contre
les partis ennemis qui, réussissant à se faire jour entre les
forts, voudraient tenter de pénétrer en ville (1). Un mur
d'enceinte, de huit à dix mètres de haut, flanqué de quelques petits bastions ou porte-flancs, et précédé d'une zone
découverte de 40 à 50 mètres de large, à partir du pied du
mur, suffirait à ce rôle. »

Ainsi, le maréchal Soult et le général Rogniat sont l'un
et l'autre parfaitement d'accord avec Vauban, sur le système à adopter et sur les moyens à employer pour la défense efficace de Paris ; et ces deux hautes capacités militaires, sont d'accord entre eux sur la nature des ouvrages
et la ligne avancée à fortifier.

____

(1) On peut assurer qu'ils n'arriveraient pas jusqu'aux portes
de la ville, et surtout qu'ils ne sortiraient plus du camp dont ils
auraient eu la témérité de franchir la ligne.

Ils sont également d'accord sur ce point particulièrement controversé, que, d'après leur système de défense, *Paris n'étant plus exposé aux dangers d'un siége régulier*, une enceinte continue bastionnée n'est plus nécessaire, et qu'on peut se borner à une simple enceinte de sûreté.

Ce système, on peut le dire avec assurance, etait dans l'esprit de Napoléon : on peut en juger d'après ce qu'il a dit lui-même, ou ce qu'on lui a fait dire, sur cette grave question.

Opposera-t-on à ce système, que la deuxième enceinte de Vauban était une enceinte continue, tandis que le maréchal n'aura qne des ouvrages détachés pour sa ligne principale de défense?

Mais certes, une place à Saint-Denis, une à Charenton, une autre au Mont-Valérien, ne sont pas simplement des ouvrages détachés : la sphère d'action de ces places se liera avec celle des forts par des fortifications permanentes sur tous les points où cela sera jugé nécessaire, et sur les autres par de bons retranchements ; ce qui formera sans nul doute une ligne continue que l'ennemi ne se hasarderait pas à franchir, car il n'en sortirait pas. « Une ville défendue par 60 « mille hommes de garde nationale à l'intérieur, et par une « armée nombreuse à l'extérieur, n'est pas tenue de se clore « hermétiquement comme un fortin de 500 hommes de gar- « nison ; par la raison surtout que si les lignes continues « donnent plus de sécurité à la défense, elles ont aussi le « grand inconvénient de gêner singulièrement les manœu- « vres d'attaque et les retours offensifs. »

(Général **Rogniat**, *ouvrage précité*.)

Qu'on ne vienne donc plus nous dire que, si Vauban revenait parmi nous, il changerait bien de système ! Non sans doute, il ne changerait pas de système ; seulement, connaissant l'esprit actuel de nos troupes et la tactique nouvelle de nos armées, il substituerait, à sa seconde enceinte continue, le camp retranché du maréchal Soult flanqué de forts et forteresses, dispositif qui d'ailleurs obligerait l'ennemi à se livrer à plusieurs attaques réglées de siége, avant de pouvoir tenter de pénétrer dans le camp, tandis que n'ayant devant lui qu'une enceinte continue ordinaire, il n'aurait à faire qu'une seule attaque. Mais il est vrai que, dans l'un et l'autre cas, l'assaillant aurait encore à forcer des retranchements intérieurs et à passer sur le corps de nos troupes, ce qui ne serait pas facile, comme le dit le maréchal Soult.

Voilà donc les hautes capacités militaires de notre époque qui, d'accord avec Vauban, ne veulent prendre les moyens permanents de défense de Paris que le plus loin possible des murs de cette capitale, et qui, par suite déclarent, toujours d'accord avec Vauban : *qu'ils ne veulent pas convertir Paris en une immense place de guerre par une enceinte de siége.*

Et quelle autorité viendrait-on désormais opposer à ces hautes illustrations militaires ? Serait-ce la dernière commission de défense ? M. le maréchal Soult, président du conseil, n'a-t-il pas déclaré à la Chambre, dans la séance du 30 janvier dernier « *que si les dernières délibérations de cette commission recevaient de la publicité, elles tourneraient contre le système en discussion ?* »

Ainsi donc, la dernière commission de défense n'est pour rien dans le projet présenté aux Chambres, tandis que toutes les commissions précédentes ont présenté le même projet que celui du maréchal Soult.

C'est donc en définitive, le projet du maréchal Soult qui, réunissant toutes les conditions de principes et de convenances, devrait réunir tous les suffrages.

Avec ce projet, qui rend impossible un investissement, Paris, le gouvernement seraient dans la plus parfaite sécurité; non seulement la défense serait assurée, mais encore elle serait indéfinie, tandis que cette défense placée dans une enceinte de siége couvrant la place, serait limitée et très limitée, et la durée en serait même calculée d'avance.

Dans ce système, une enceinte de siége étant parfaitement inutile, le mur de sûreté pourrait être construit sur la ligne même déjà projetée pour une enceinte bastionnée.

Ce mur serait flanqué de bâtiments défensifs, disposés pour magasins et casernes d'infanterie et de cavalerie, ce qui serait extrêmement avantageux à tous égards. Dans le cas de guerre on entourerait ce mur d'un fossé. Dans cet état il faudrait du canon pour forcer le mur de sûreté; il remplirait parfaitement l'objet désiré et même beaucoup mieux qu'une enceinte bastionnée qui n'offrirait d'ailleurs, dans ce but, aucun des avantages, aucune des convenances de notre mur de sûreté proprement dit.

Mais, va-t-on dire, voilà un mur de sûreté qui coûtera aussi cher que l'enceinte bastionnée! Non certainement, et cependant il sera d'une grande utilité, puisque tous les magasins militaires, et si l'on veut toutes les casernes pourront en faire partie, et servir toujours très utilement en temps de guerre et en temps de paix, tandis que les bastions resteront stériles en temps de paix aussi bien qu'en cas de guerre, et pourtant ils seront d'un entretien très dispendieux.

On pourrait, sans doute, disposer le mur actuel d'octroi

pour mur de sûreté; mais il est à considérer, d'une part, que déjà ce mur se trouve assez rapproché des quartiers habités, et qu'il laisse, en dehors, des faubourgs très populeux qu'il serait préférable d'avoir en dedans. Il serait d'ailleurs d'une sage prévoyance de laisser à la ville les moyens de s'étendre par la suite au-delà du mur actuel de clôture.

D'une autre part, la ligne que suit ce mur devrait être changée sur plusieurs points afin de prendre des positions plus appropriées à sa nouvelle destination; Il devrait certainement aussi, être consolidé, renforcé, et exhaussé sur presque toute son étendue, ce qui, pourtant, n'assurerait pas une très bonne construction, de sorte que, toutes choses compensées, il n'y aurait probablement point économie à adopter ce mur.

Il suit donc, qu'à tous égards la ligne déjà reconnue et en partie tracée pour une enceinte bastionnée, devrait avoir la préférence.

L'auteur de l'ouvrage intitulé :
Du projet de fortifier Paris.

www.ingramcontent.com/pod-product-compliance
Lightning Source LLC
Chambersburg PA
CBHW061704050726
47598CB00004B/1681